La pequeña Melba y su gran trombón

Para mi mamá Tanya H. Russell (1938–2014) quien, con amor, paciencia y la voz de una cuentista, me leyó muchos libros ilustrados. Era una lectora voraz que siempre llevaba consigo un libro o un periódico. Y a mi padre, Charlie Russell Jr. (1932–2013), quien fue un escritor exuberante y un aficionado al jazz —K.R.-B.

Para mi hija Tiffani, que todos tus dulces sueños se hagan realidad —F.M.

La edición en inglés de este libro, publicada por LEE & LOW BOOKS INC. en 2014, ganó el Coretta Scott King Illustrator Award Honor.

Contraportada: Melba Liston, citado en Linda Dahl, *Stormy Weather: The Music and Lives of a Century of Jazzwomen* (New York: Limelight Editions, 1984), p.252.

Originalmente publicado en inglés como *Little Melba and Her Big Trombone*

LEE & LOW BOOKS INC., 95 Madison Avenue, New York, NY 10016, leeandlow.com
Traducción del texto por Rita Elena Urquijo-Ruiz | Diseño del libro por Stephanie Bart-Horvath
Producción del libro por The Kids at Our House | El texto de este libro usa la fuente Gill Sans
Hecho en China por RR Donnelley
1 3 5 7 9 10 8 6 4 2
Primera edición

Library of Congress Cataloging-in-Publication Data
Names: Russell-Brown, Katheryn. | Morrison, Frank, illustrator. | Urquijo-Ruiz, Rita, translator.
Title: La pequeña Melba y su gran trombón / Katheryn Russell-Brown ; ilustraciones de Frank Morrison ; traducido por Rita Elena Urquijo-Ruiz.
Other titles: Little Melba and her big trombone. English.
Description: Primera edición. | New York : Lee & Low Books, 2024. | Audience: Ages 6–10 | Summary: "A biography of African American musician Melba Doretta Liston,
a virtuoso musician who played the trombone and composed and arranged music for many of the great jazz musicians of the twentieth century.
Includes afterword, discography, and sources"—Provided by publisher.
Identifiers: LCCN 2023049551 | ISBN 9781643797199 (paperback) | ISBN 9781643797212 (ebk)
Subjects: LCSH: Liston, Melba—Juvenile literature. | Women jazz musicians—United States—Biography—Juvenile literature. | African-American jazz musicians—Biography—Juvenile literature.
| Trombonists—United States—Biography—Juvenile literature. | LCGFT: Biographies.
Classification: LCC ML3930.L566 R8718 2024 | DDC 788.9/3165092
[B]—dc23/eng/20231024
LC record available at https://lccn.loc.gov/2023049551

La pequeña Melba y su gran trombón

por Katheryn Russell-Brown

ilustraciones por Frank Morrison

traducido por Rita Elena Urquijo-Ruiz

LEE & LOW BOOKS INC. ♫ New York

NIFTY & DANDY
PUB

CORRAN LA VOZ! La pequeña Melba Doretta Liston era algo especial.

El año en que nació fue 1926. El lugar era Kansas City, donde podías acercarte y sentir la música. Las avenidas estaban llenas de clubes de jazz, bandas callejeras y gente que armonizaba en cada esquina. Todos los creadores de música populares se aseguraban de tener un concierto en KC.

Desde que podía hacer memoria, a Melba le encantaban los sonidos de la música. Los ritmos de blues, jazz y gospel bailaban en su cabeza—

el *plink* de una guitarra,

el *jmmmmm* de un bajo,

el **trum-trum** de un tambor,

el ping-pang *de un piano,*

el vibrar de una dulce corneta.

Las notas se mezclaban y los ritmos burbujeaban por toda la casa de Melba. Ella nunca se cansaba de escuchar música. La música siempre le ocupaba la mente.

Soñaba despierta con ritmos y letras de canciones.

La música también estaba en la mente de Melba por la noche, cuando debería haber estado profundamente dormida.

A Melba le encantaba tararear con la radio. A veces, la música sonaba tan bien que pegaba la oreja al radio Majestic y cerraba los ojos. Ella amaba especialmente a Fats Waller, con su voz rasposa y su piano estruendoso.

La pianola cobraba vida cuando los parientes de Melba la visitaban. Mientras Melba pedaleaba, sus tías bailaban por la habitación.

Con toda esa música volando a su alrededor, Melba quería crear sus propios sonidos. Cuando tenía siete años, decidió inscribirse en clases de música en la escuela.

"¿Qué instrumento podría tocar?" se preguntó Melba.

En la tienda de música ambulante, Melba miró un instrumento de viento largo y de aspecto divertido.

—¡Aquél! —gritó—. ¡Es hermoso!

—¿Un trombón? —Mamá Lucille frunció el ceño—. Es grande y tú eres una niña pequeña.

—Por f a v o o o o o o r —rogó Melba.

Mamá Lucille compró el brillante trombón inmediatamente. No podía decirle que no a su única hija. Melba sonrió de oreja a oreja y abrazó fuerte a su nuevo amigo.

Esa noche en el porche, Melba escuchó al abuelo John tocar su guitarra. Esta vez ella tenía su propio instrumento.

El abuelo John le mostró a Melba cómo sostener el instrumento. Ella intentó sacar la vara, pero su brazo era demasiado corto. Tuvo que inclinar la cabeza hacia un lado y e s t i r a a a a a a r el brazo derecho.

Melba sopló fuerte el trombón.

¡JuuuuuuuNK!
¡JAAAAAAANNNNK!
Sonaba mal, como un perro aullando.

—No sirvo para nada, abuelo —dijo Melba con lágrimas en los ojos.

—Si puedes soplar, puedes tocar —dijo el abuelo John—. Ahora ponte de pie derecha y sopla con firmeza.

Melba estuvo despierta hasta muy tarde y practicó hasta que pudo tocar una melodía sencilla ella sola.

ON AIR

Incluso con su fino oído, aprender a tocar el trombón no era pan comido. Pero Melba siguió soplando el trombón y mejorando cada día. El latón frío del instrumento se sentía divinamente entre sus dedos.

En poco tiempo, Melba y su trombón estaban creando magia. Tenía solo ocho años cuando la estación de radio local la invitó a tocar en solitario. Mamá Lucille y el abuelo John estaban muy orgullosos de ver a la pequeña Melba tocar su gran trombón.

En 1937 la familia atravesaba tiempos difíciles. Fue entonces cuando Melba y su madre se mudaron a Los Ángeles. El largo viaje en tren hacia el oeste las hizo atravesar cinco estados al oeste y alejarse muchísimo de Kansas City.

Los nuevos maestros de Melba descubrieron que era increíblemente inteligente. Sus calificaciones en las pruebas fueron tan altas que el director la pasó de sexto a octavo grado.

En la escuela preparatoria, Melba se unió al famoso club de música de Alma Hightower. Melba se convirtió rápidamente en la artista estrella de la banda del club, The Melodic Dots.

Los otros niños luchaban por estar a la altura de Melba. Había niños celosos que la insultaban. Intentó no hacerles caso, pero en el fondo los insultos le dolían. Melba usó su trombón para convertir esos sentimientos dolorosos en música conmovedora.

MUSIC CLUB

El talento de Melba iba en aumento. También comenzó a escribir música. Más tarde, en 1943, cuando Melba tenía diecisiete años, la invitaron a recorrer el país con una nueva banda dirigida por el trompetista Gerald Wilson.

—Ve a conocer el mundo —dijo mamá Lucille y abrazó a Melba para despedirse—. Tienes mi bendición.

Melba podía sentirlo en sus huesos: ¡la escena del jazz la atraía!

Viajar con la banda era emocionante. Cada ciudad, desde Salt Lake hasta Nueva York, resultaba novedosa.

Melba se convirtió en una maestra de la música. Compuso y arregló música, transformando los ritmos, las armonías y las melodías en hermosas canciones. Y cuando Melba tocaba el trombón, sus notas audaces y su sonido único cautivaban a la multitud.

Aun así, Melba se sentía sola. Ella era la única mujer en la banda. Algunos de los hombres eran crueles. Otros actuaban como si ella no existiera. Melba se contentaba con que la música de su cabeza le hiciera compañía.

Llegaron tiempos difíciles cuando Melba viajó por el sur del país con la cantante Billie Holiday y su banda. Algunas personas blancas no mostraban buenos modales hacia las personas de piel oscura. Las habitaciones de hotel eran difíciles de conseguir y los miembros de la banda a menudo tenían que dormir en el autobús. Los restaurantes no siempre querían aceptarlos. En los clubes, la audencia a veces simplemente se sentaba y miraba fijamente a la banda, o no aparecía en absoluto.

Desanimada, Melba casi abandona su trombón para siempre.

HOTEL
The Best Service
for WHITES ONLY
FRANKS
GRILL

¡Pero los fanáticos de Melba no la dejaron darse por vencida!

En la década de 1950, todos los músicos de jazz geniales querían algo de la magia de Melba: Dizzy Gillespie, Duke Ellington, Quincy Jones y muchos más. Querían estar en el escenario con Melba y su divino trombón. Querían tocar la música compuesta por Melba.

Melba y su música le dieron la vuelta al mundo, deslumbrando al público y ocupando titulares en Europa, el Oriente Medio y Asia. Toda su vida, Melba continuó componiendo y arreglando música y haciendo cantar a su trombón.

¡Corran la voz! Melba Doretta Liston fue algo especial.

Epílogo

Melba Doretta Liston (1926–1999) fue una artista virtuosa del jazz con múltiples talentos. Como verdadera pionera, fue una de las primeras mujeres, de cualquier raza, en convertirse en trombonista, compositora y arreglista de clase mundial.

Fue una niña prodigio que, de manera autodidacta, comenzó a tocar el trombón a los siete años. Sus dotes musicales eran tan extraordinarias que uno de sus maestros en Los Ángeles le pidió permiso a la madre de Liston para adoptar a la joven artista. El maestro quería trabajar con Liston y luego enviarla con los mejores maestros de música disponibles. La madre de Liston no quiso abandonar a su hija.

© Chuck Stewart

Melba Liston tocando con The Dizzy Gillespie Big Band, Randall's Island, Nueva York, 1956

En la escuela preparatoria, Liston se unió al club de música de Alma Hightower. Hightower, una educadora musical afroamericana, les enseñó a sus alumnos la historia afroamericana a través de la música, la danza y la poesía. A los dieciséis años, Liston dejó el grupo de Hightower para convertirse en una artista profesional. Una vez que obtuvo su tarjeta de membresía del Sindicato de Músicos de Los Ángeles, Liston comenzó a tocar con la banda de acompañamiento de Bardu Ali en el Teatro Lincoln. Durante su estancia allí, comenzó a escribir música. Después de que la banda International Sweethearts of Rhythm tocara en ese teatro, le pidieron a Liston que se uniera a ellos. Ella trabajó brevemente con el famoso grupo de chicas, pero luego volvió a la banda de Ali. En 1943, Liston, con sólo diecisiete años, fue contratada por la nueva banda del trompetista Gerald Wilson para hacer una gira por el país. Liston se quedó con la banda cinco años.

Cuando la banda de Wilson se separó, Liston se unió a la banda dirigida por el famoso trompetista Dizzy Gillespie. Un año después, el grupo se disolvió y, en 1949, Liston fue invitada a tocar con la banda de Billie Holiday durante su gira por el sur de Estados Unidos. La gira no tuvo éxito. Cuanto más al sur viajaba la banda, más pequeño se volvía el público. No apreciaron el nuevo sonido bebop de la banda. La gira se interrumpió y los músicos tuvieron que llamar a casa para pedir dinero para poder regresar a Los Ángeles.

Liston decidió tomarse un descanso y dejó de tocar y participar en las giras. Durante algunos años, trabajó como secretaria en la Junta de Educación de Los Ángeles. También tuvo algunos papeles pequeños en películas.

En 1956, Liston regresó a la música. Dizzy Gillespie le pidió que se uniera a su banda en una gira por el Medio Oriente y Asia auspiciada por el Departamento de Estado de los Estados Unidos. Luego, Quincy Jones llevó a una banda de gira por Europa e invitó a Liston a acompañarlos. En 1957, Liston conoció al compositor y pianista Randy Weston. Ellos colaboraron a menudo durante los siguientes cuarenta años. Liston fue la arreglista de diez álbumes con Weston.

En 1958, se estrenó *Melba Liston and Her 'Bones*. Este álbum fue el único que Liston grabó como artista principal.

Melba Liston con Quincy Jones, líder de la banda, Nueva York, 1960

En la década de 1960, Melba Liston escribió arreglos y realizó grabaciones para muchos de los músicos y grupos populares. "Len Sirrah," una composición que escribió Liston, era una de sus composiciones favoritas. De 1973 a 1979, Liston vivió en Jamaica y enseñó en la Universidad de las Indias Occidentales. Cuando regresó a los Estados Unidos, formó su propia banda. Liston sufrió un derrame cerebral en 1985 que la dejó parcialmente paralizada y se vio obligada a dejar de tocar su adorado trombón. Con la ayuda de una computadora, Liston continuó componiendo y arreglando música durante la década de 1990.

Liston recibió muchos honores por su maestría musical en jazz. En 1987, el National Endowment for the Arts nombró a Liston como Jazz Master, el honor más alto que los Estados Unidos otorga a un artista de jazz. La primera Conferencia Internacional de Mujeres en las Bandas de Viento en 1993 honró a Liston como artista pionera de las bandas de viento. En 1995, Liston fue entrevistada por el Smithsonian para su Programa de Historia Oral del Jazz.

Las colaboraciones musicales de Melba Liston son legendarias. Tocó con los mejores artistas, entre ellos Dexter Gordon, Gerald Wilson, Dizzy Gillespie, Billie Holiday y Quincy Jones. Compuso y arregló música para Duke Ellington, Count Basie, Randy Weston, Tony Bennett, Eddie Fisher, Billy Eckstine, las Supremes, Dinah Washington, Aretha Franklin, Ray Charles, Bob Marley, Marvin Gaye y muchos más. Hoy en día, los sonidos de Melba Liston se escuchan en la diáspora musical negra, incluso en el jazz, el R&B y el reggae.

Discografía seleccionada

Melba Liston como arreglista

Blakey, Art. *Hold On, I'm Coming*. Limelight LP, 1967; Universal Japan audio CD, 2011.

Gillespie, Dizzy. *Birks Works*. Verve LP, 1958; Verve 2 audio CDs, 1995; Verve MP3 file, 1995.

Jackson, Milt. *Milt Jackson and Big Brass: For Someone I Love*. Riverside LP, 1963; Original Jazz Classics audio CD, 1989; Riverside/Fantasy MP3 file, 2007.

Jones, Elvin. *And Then Again*. Atlantic LP, 1965; WEA Japan audio CD, 2012; Jazz All Stars MP3 file, 2013.

Mingus, Charles. *The Complete Town Hall Concert*. United Artists LP, 1962; Blue Note audio CD, 1994; Blue Note MP3 file, 1994.

Weston, Randy. *Earth Birth*. Verve audio CD, 1997; Verve MP3 file, 2012.

———. *Little Niles*. United Artists LP, 1959; Jazz Track audio CD, 2009.

———. *The Spirits of Our Ancestors*. Verve 2 audio CDs, 1992; Verve MP3 file, 2003.

Melba Liston como líder de la banda

Liston, Melba. *Melba Liston and Her 'Bones*. Metrojazz LP, 1958; Fresh Sound audio CD, 2010; Fresh Sound MP3 file, 2011.

Melba Liston como trombonista

Davis, Eddie "Lockjaw." *Trane Whistle*. Prestige LP, 1960; OJC audio CD, 1991; Prestige MP3 file, 2006.

Gillespie, Dizzy. *At Newport*. Verve LP, 1957; Verve audio CD, 2007; Verve MP3 file, 2007.

———. *Dizzy in Greece*. Verve LP, 1957; Universal/Verve audio CD, 2005; Hallmark MP3 file, 2010.

———. *World Statesman*. Norgran LP, 1956; Universal/Verve audio CD, 2005.

Jackson, Milt. *Big Bags*. Riverside LP, 1962, OJC audio CD, 1991; Fantasy MP3 file, 2007.

Jones, Quincy. *I Dig Dancers*. Mercury LP, 1960; UNI Jazz France audio CD, 2010; Fresh Sound MP3 file, 2013.

———. *Q Live in Paris Circa 1960*. Warner Brothers LP, 1960; Qwest/Warner Brothers audio CD, 1996; HIP-O MP3 file, 2012.

———. *The Birth of a Band*. Mercury LP, 1959; Essential Jazz audio CD, 2010.

Scott, Shirley. *Roll 'Em: Shirley Scott Plays the Big Bands*. Impulse LP, 1966; Impulse audio CD, 1994; Impulse MP3 file, 2004.

Wilson, Gerald. *Big Band Modern*. Audio Lab LP, 1954; Jazz Factory Spain audio CD, 2006; Jazz Factory MP3 file, 2006.

Fuentes del autor

Libros y artículos

Blackburn, Julia. "Melba Liston: Strangers Down South." In *With Billie: A New Look at the Unforgettable Lady Day*, 239–247. New York: Vintage Books, 2006.

Bryant, Clora. "Melba Liston: NEA Jazz Master (1987)." Smithsonian Jazz Oral History Program NEA Jazz Master interview, December 4–5, 1996. http://www.smithsonianjazz.org/oral_histories/pdf/Liston.pdf.

———, et al., eds. "Melba Liston." In *Central Avenue Sounds: Jazz in Los Angeles*, 255–260. Berkeley and Los Angeles, CA: University of California Press, 1998.

Dahl, Linda. "Melba Liston: Trombonist and Arranger." In *Stormy Weather: The Music and Lives of a Century of Jazzwomen*, 250–259. New York: Limelight Editions, 1984.

Kaplan, Erica. "Melba Liston: It's All From My Soul." *Antioch Review* 57, no. 3 (Summer 1999): 415–425.

Oliver, Myrna. "Melba Liston; Jazz Trombonist, Composer." *Los Angeles Times*, April 28, 1999, Obituary sec. http://articles.latimes.com/1999/apr/28/news/mn-31919.

Perry, Paul Wardell. "Melba Liston's Slide to Success." *New Crisis* 107, no. 2 (March–April 2000): 35.

Placksin, Sally. *American Women in Jazz: 1900 to the Present: Their Words, Lives, and Music*. New York: Putnam, 1982.

Watrous, Peter. "Melba Liston, 73, Trombonist and Prominent Jazz Arranger." *New York Times*, April 30, 1999, Arts sec., Obituary. http://www.nytimes.com/1999/04/30/arts/melba-liston-73-trombonist-and-prominent-jazz-arranger.html.

Weston, Randy, and Willard Jenkins. "Enter Melba Liston." In *African Rhythms: The Autobiography of Randy Weston*, 70–78. Durham, NC: Duke University Press, 2010.

"Whatever Happened to Melba Liston?" *Ebony* 32 (June 1977): 122.

Entrevistas y transmisiones de radio

Bradfield, Geof, musician and musical historian of Melba Liston. E-mail correspondence with the author, December 2012.

Drayton, Leslie, bandleader and Melba Liston's friend. Phone interview with the author, February 15, 2010.

Howze, Margaret, producer. "Women in Jazz, Part 2." *Jazz Profiles* from NPR. http://www.npr.org/programs/jazzprofiles/archive/women_2.html.

Narita, Cobi, Melba Liston's friend and manager. Phone interview with the author, March 25, 2010.

Weston, Randy, jazz pianist and composer. Phone interview with the author, April 28, 2010.

Wilson, Nancy, narrator. "Melba Liston: Bones of an Arranger." NPR's Jazz Profiles, NPR Music, July 9, 2008. http://www.npr.org/2008/07/09/92349036/melba-liston-bones-of-an-arranger.

Sitios web

"Melba Liston (1926–1999)." Susan Fleet Archives. http://archives.susanfleet.com/documents/melba_liston.html.

Sitaraman, Nicole Williams. "Melba Liston: Trombone Treasure." The Girls in the Band. http://thegirlsintheband.com/2013/11/melba-liston/.

"Unsung Women of Jazz #6—Melba Liston." Curt's Jazz Cafe. http://curtjazz.com/2011/09/24/unsung-women-of-jazz-6-melba-liston/.

Los hechos contenidos en este texto fueron verificados y todos los hiperenlaces estaban activos en el momento de la publicación original del libro. Ni la autora ni la editorial se responsabilizan con los cambios que se hayan realizado desde entonces.